T0272357

¡Wow! Dinosaurios

Un libro de hechos extraordinarios

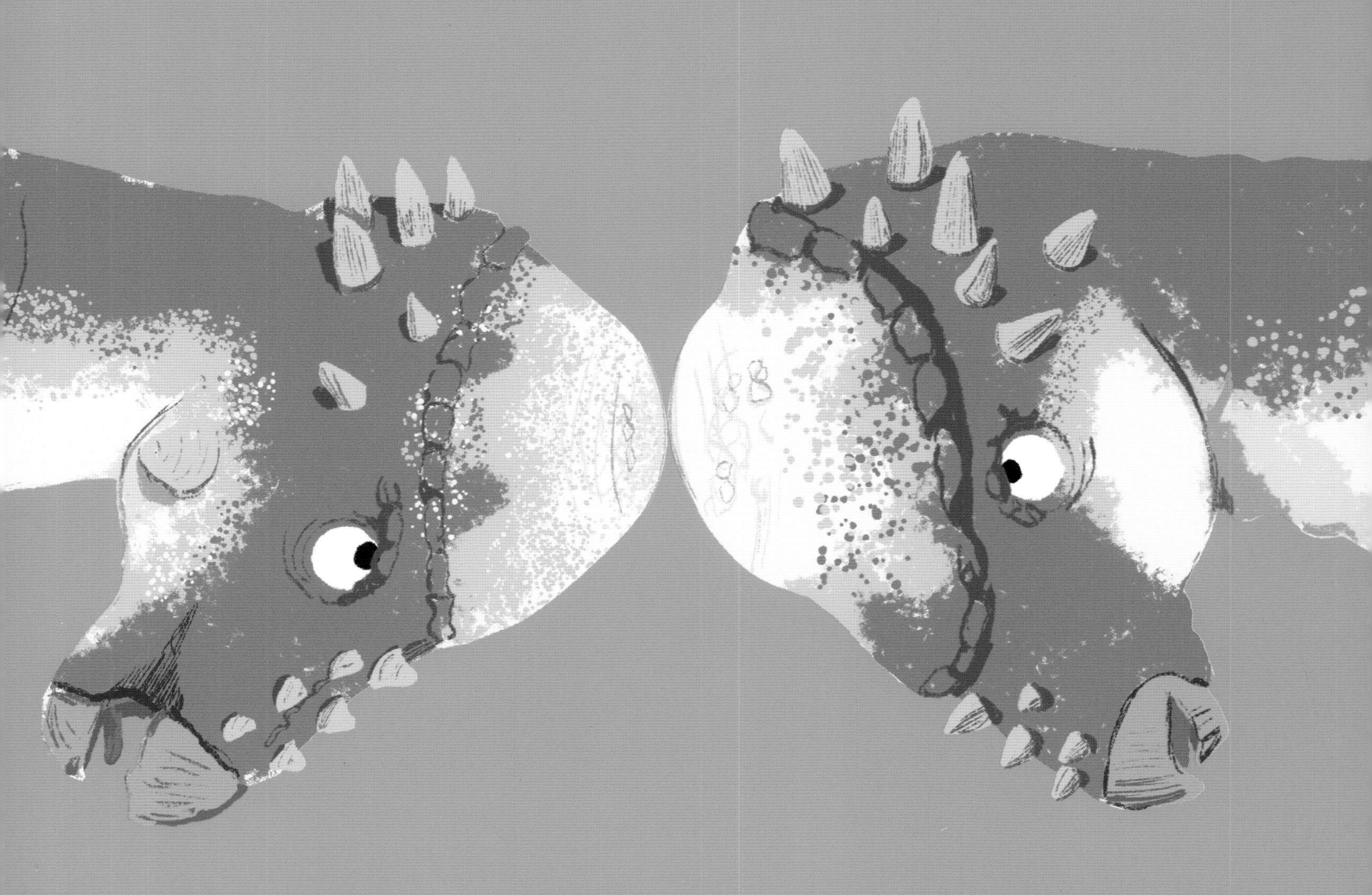

McCann, Jacqueline
¡WOW! Dinosaurios / Jacqueline McCann ; ilustraciones Ste Johnson ; traducción María Patricia Esguerra. -- Bogotá : Panamericana Editorial, 2020.
36 páginas : ilustraciones ; 27 cm.
ISBN 978-958-30-6131-8
1. Dinosaurios - Hábitos y conductas - Literatura infantil 2. Dinosaurios - Clasificación - Literatura infantil 3. Libros ilustrados para niños I. Johnson, Ste, ilustrador II. Esguerra, María Patricia, traductora III. Tít.
I567.91 cd 22 ed.
A1661618

CEP-Banco de la República-Biblioteca Luis Ángel Arango

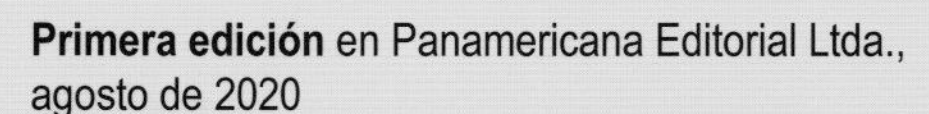

Primera edición en Panamericana Editorial Ltda.,
agosto de 2020
Título original: *Wow! Dinosaurs*

Calle 12 No. 34-30
Tel.: (57 1) 3649000
www.panamericanaeditorial.com
Tienda virtual: www.panamericana.com.co
Bogotá D. C., Colombia

Editor
Panamericana Editorial Ltda.
Edición
Luisa Noguera Arrieta
Traducción del inglés
Patricia Esguerra
Diagramación
CJV Publicidad y Edición de libros

ISBN 978-958-30-6131-8

Impreso por Panamericana Formas e Impresos S. A.
Calle 65 No. 95-28
Tel.: (57 1) 4302110 - 4300355, Fax: (57 1) 2763008
Bogotá D. C., Colombia
Quien solo actúa como impresor.
Impreso en Colombia - *Printed in Colombia*

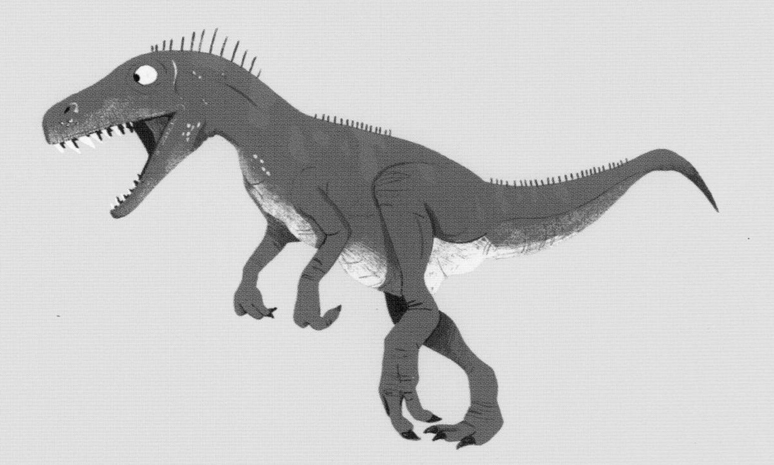

¡Wow! Dinosaurios

Un libro de hechos extraordinarios

Jacqueline McCann

Colombia • México • Perú

Conoce a los dinosaurios

Hace cientos de millones de años, unas bestias increíbles deambulaban por la Tierra. ¿Quiénes eran?

Los dinosaurios eran una especie de reptiles, pero no se parecían en nada a los cocodrilos o a las serpientes que conocemos ahora. Uno de los primeros dinosaurios de los que se tuvo conocimiento fue el temible carnívoro *Herrerasaurus*.

Cuando aparecieron por primera vez, hace 230 millones de años, la Tierra era principalmente un lugar caliente y seco.

Hola, soy un Herrerasaurus.
¡Un pastor de cabras en Argentina me encontró!
Un poco más...
¡Continúa!

Hace alrededor de 200 millones de años llovía mucho más. La Tierra era un lugar bastante más húmedo y crecían muchas plantas.

¡Adivina qué!

El científico que estudia los dinosaurios se llama paleontólogo.

Yo soy un Diplodocus. Soy gigante.
Buzzzzz
¡Rayos!

El *Diplodocus* era uno de los dinosaurios más altos que alguna vez existió. Era casi tan grande como una ballena azul. ¿Cómo llegó a ser tan grande? ¡Comiendo vegetales!

Yo soy un Torosaurus. Tengo cuernos y pico. ¿Impresionado?

Al retroceder en forma rápida hasta hace 145 millones de años, se llega a un momento en el que la Tierra tuvo una cantidad masiva de cambios, los mares crecieron, la tierra cambió de lugar, ¡y había dinosaurios por todas partes!

¡Wow!

El *Torosaurus* tenía el cráneo más grande que cualquier otro animal que hubiera pisado el planeta. Era tan grande como un auto pequeño.

Feroces carnívoros

Los dinosaurios más feroces eran carnívoros.
¿Su comida favorita? ¡Otros dinosaurios!

Los dinosaurios que comían carne se llamaban carnívoros. Tenían dientes afilados para poder rasgar la carne de los dinosaurios más pequeños o de los que ya estaban muertos.

Uno de los dinosaurios más famosos descubiertos fue el gigante *Tiranosaurio rex*. Era tan alto como una jirafa y tan grande como dos elefantes.

Soy un Tiranosaurio rex.
Puedes decirme señor T. rex.

Yo soy un compsognathus.

El *Compsognathus* era un pequeño y delicado dinosaurio. Tenía el tamaño de un pavo y su comida favorita eran las lagartijas.

¡Wow!

Las libélulas, las arañas y otros bichos raros han existido por 300 millones de años.

Déjame pasar *T. rex*, Yo soy un Giganotosaurus.

Sensación plumosa

El *Yutyrannus huali* vivió en China y venía de la misma familia que el *T. rex*. Los científicos descubrieron que estaba cubierto por tenues plumas.

Si pensaste que el *T. rex* era grande, ¡piénsatelo otra vez! Los científicos en Argentina, descubrieron un carnívoro mucho más grande al que llamaron "lagarto gigante del sur" o *Giganotosaurus*.

Un gigante espinoso

Conoce al *Spinosaurus* o "lagarto de espina". Fue el dinosaurio carnívoro más grande jamás descubierto.

Con mandíbulas como las de un cocodrilo, un cuello largo y escamoso y un gran cuerpo con una extraña aleta en su lomo, el *Spinosaurus* era el carnívoro más grande, extraño y temido.

La mayoría de los dinosaurios carnívoros eran terrestres, pero no el *Spinosaurus*. Le gustaba nadar en los ríos de lo que es hoy África del Norte.

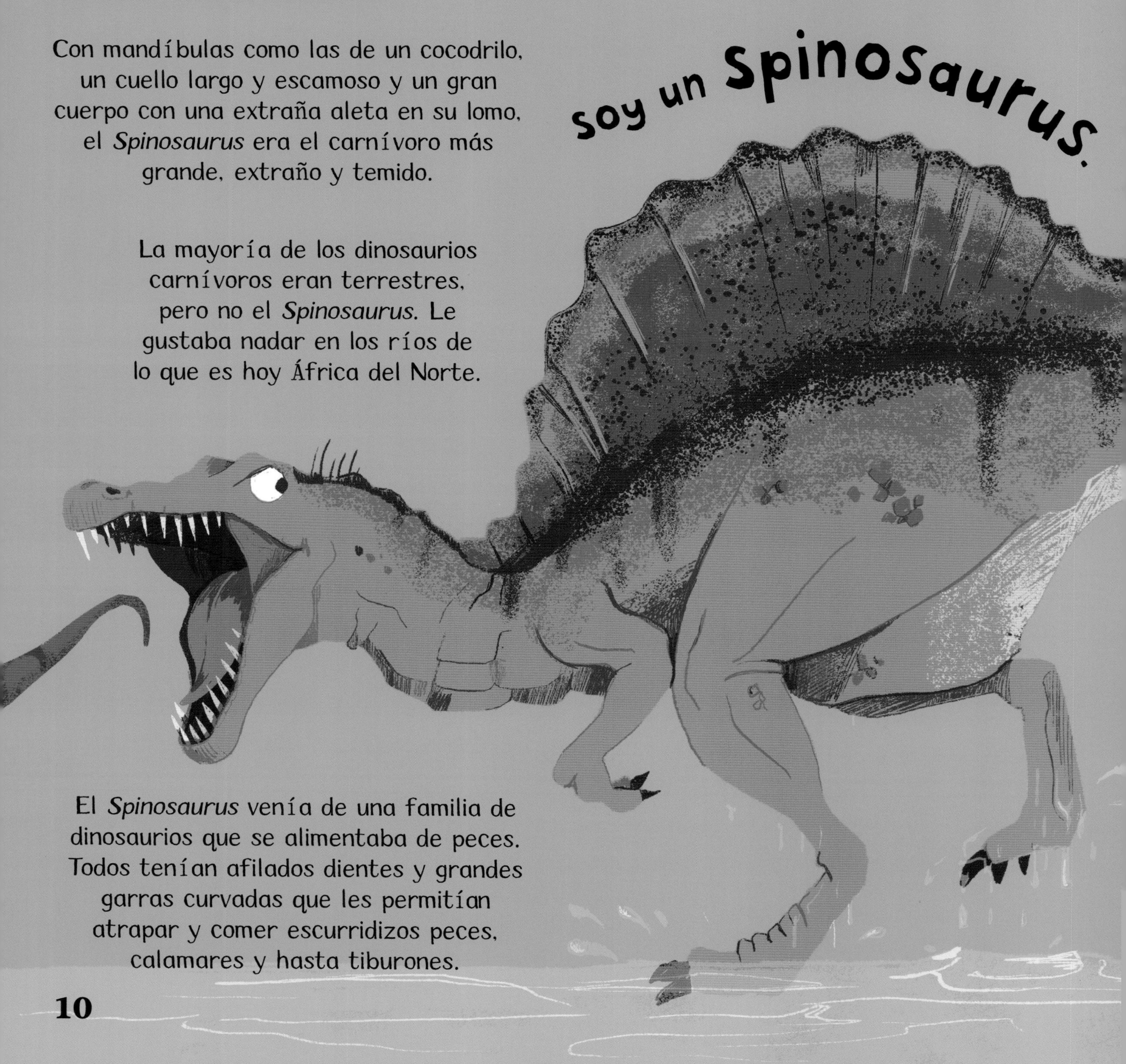

El *Spinosaurus* venía de una familia de dinosaurios que se alimentaba de peces. Todos tenían afilados dientes y grandes garras curvadas que les permitían atrapar y comer escurridizos peces, calamares y hasta tiburones.

Hormigueo en la espina

No se sabe con certeza por qué el *Spinosaurus* tenía una gran espina en su lomo. ¿Tal vez cambiaba de color y eso le ayudaba a atraer una nueva pareja?

Al igual que los cocodrilos en la actualidad, las fosas nasales del *Spinosaurus* se ubicaban en la parte superior de su hocico. Permanecía bajo el agua esperando para atacar, pero aun así podía respirar.

Quiero unos deliciosos peces... ¡ahora!

¡Wow!

El *Mawsonia* era un gran pez que nadaba en los mares y era cazado por el *Spinosaurus*. Su pariente, el celacanto, todavía se encuentra en estos días nadando en el océano Índico.

El *Spinosaurus* también merodeaba sobre la tierra ¡en dos enormes patas!

Soy un celacanto, ¡no me puedes atrapar!

Mírame, soy un Mawsonia.

Todos juntos

¿Cómo se alimentaban los pequeños carnívoros? Se reunían y cazaban en manadas. ¡Eran muy feroces!

Hace unos 110 millones de años, un dinosaurio grande que se alimentaba de plantas, llamado *Tenontosaurus* y un carnívoro mucho más pequeño, llamado *Deinonychus*, vivían en el mismo lugar, donde está hoy América del Norte.

Soy un Tenontosaurus.

¡Toma eso! ¡Plaf!

Cazar en manada era la mejor táctica de los *Deinonychus* para derribar a un dinosaurio grande y dominarlo.

¡Es hora de cenar!

¡Wow!

Los paleontólogos piensan que el *Deinonychus* pudo haber tenido plumas, como su primo el *Velociraptor*.

El *Deinonychus* no era grande, pero era ágil y utilizaba sus poderosas piernas para saltar. Y después usaba sus fuertes mandíbulas.

¿Quién anda ahí?
Mi nombre quiere decir "garra terrible"
¡Ayayay!
¡Déjame en paz!

El *Deinonychus* tenía una enorme y poderosa mordida. Una vez clavaba sus dientes en algo, era casi imposible escapar.

Grandes amantes de las plantas

Los gigantes del mundo de los dinosaurios se alimentaban de las hojas que crecían en las copas de los árboles y eran llamados saurópodos.

Por más de 150 millones de años, los saurópodos vagaron por la Tierra. Eran unas de las criaturas más grandes que han existido. Se llamaban herbívoros porque se alimentaban de plantas.

Yo soy un *Mamenchisaurus*.

¡Wow!

En una pequeña isla ubicada en Escocia, los científicos descubrieron enormes huellas de saurópodos en una piedra. ¡Las huellas eran tan grandes que nadie las había notado antes!

Los saurópodos tenían muchas cosas en común además de ser gigantes. Todos tenían pequeñas cabezas, cuellos y colas increíblemente largos, un gran cuerpo y piernas parecidas a grandes troncos de árboles.

¡Alerta de cola!

¡Cualquier carnívoro que tratara de morder a un *Mamenchisaurus* obtenía un buen golpe!

Soy un *Apatosaurus*.

No te metas conmigo.

¡Wow!

Los científicos han descubierto huesos de saurópodos enterrados por toda la Tierra, ¡incluso en la helada Antártida!

Este fuerte *Apatosaurus* tenía otro truco para ahuyentar a los carnívoros. Se paraba en sus patas traseras y se abalanzaba sobre cualquiera que intentara morderlo.

¡Hola! Soy un *Diamantinasaurus*.

¡Flores!, ¿son para mí?

Los fósiles de un *Diamantinasaurus* fueron encontrados en Australia. Quizá fue atraído por las plantas que rodeaban un pantano y se atascó en el lodo, o pudo haberlo matado otro dinosaurio.

El *Dreadnoughtus*

¿Quieres conocer a la criatura más grande que ha caminado sobre el planeta Tierra? ¡Adelante!... es seguro.

El *Dreadnoughtus* tenía un cuello y una cola increíblemente largos para equilibrarse.

¡Estas lindas flores aparecieron hace aproximadamente unos **100** millones de años!

¡Soy un Dreadnoughtus y no le temo a nada!

De la cabeza a la cola

El *Dreadnoughtus* medía 26 metros de cabeza a cola; eso es un poco más largo que dos buses londinenses juntos. Y pesaba 60 toneladas, ¡lo mismo que 15 elefantes!

Cuando se es tan grande, no hay necesidad de desplazarse mucho o muy rápido; ¡pero sí se necesita comer mucho! Una vez que un *Dreadnoughtus* masticaba una gran cantidad de follaje de la copa de un árbol, lo único que debía hacer era dar unos cuantos pasos y empezar a comer las hojas de la copa de otro árbol.

Los huesos de su cuello tenían muchos pequeños orificios por donde pasaba el aire. Esto hacía que el cuello del dinosaurio fuera más ligero (y es posible que le ayudara un poco a sobrellevar el calor). Así que, el *Dreadnoughtus* podía levantar su cuello y masticar las hojas más altas de los árboles.

¡Wow!

¡Los científicos descubrieron un dinosaurio todavía más grande! El *Patagotitan* fue encontrado en Argentina y debió ser tan pesado como un transbordador espacial.

¡Alerta de araña antigua!

Nos mantenemos juntos

Con todos estos temibles carnívoros al acecho, los pequeños herbívoros se mantenían juntos, ¡por seguridad!

Para muchos dinosaurios, el lugar más seguro era la manada. Juntos podían cuidar de sus crías y encontrar nuevos lugares para pastar.

¡Manada de Triceratops llegando!

cronch, cronch

¡Nosotros somos *Struthiomimus*, y estamos hechos para correr!

Si lo miras rápido, podrías pensar que este dinosaurio era un antiguo avestruz. Pero, aunque el *Struthiomimus* estaba cubierto por finas plumas y tenía fuertes piernas, también contaba con pequeños y emplumados brazos.

¡Sabroso!

El *Struthiomimus* tenía un pico sin dientes y largas garras. Los científicos piensan que además de comer plantas, este dinosaurio también debía complementar su alimentación con insectos.

Hora del té

El más conocido estegosaurio, el *Stegosaurus*, tenía una pequeña cabeza y un pico con cuerno. Comía en grandes cantidades y podía crecer hasta 9 metros de largo; ¡tan grande como un camión!

¡Este es un dinosaurio bastante particular! El *Tuojiangosaurus* le debe su nombre al río Tuo, ubicado en China. Pertenecía a una famosa familia de dinosaurios, los estegosaurios.

Somos *Tuojiangosaurus*. ¿Has visto algunas plantas para comer?

El *Triceratops* era un dinosaurio herbívoro, parecido a un rinoceronte. Deambulaba en grandes manadas, buscando pastos frescos, ¡justo como hacen los búfalos hoy en día!

¡Huellas! ¿Quién anda por ahí?

¡Hola, *Stegosaurus*!

El más grande y famoso de todos los estegosaurios fue... el *Stegosaurus*.

Tenía enormes placas en punta a lo largo de su lomo y una pequeña cabeza. Era un dinosaurio bastante extraño, incluso hace 150 millones de años. Vivía de comer plantas, pero medía casi 10 metros de la cabeza a la cola.

Somos estegosaurios. ¡No nos llames cabeza de alfiler!
¡Derecha, izquierda, derecha, izquierda!

Un golpe de la puntiaguda cola de un *Stegosaurus* podría destrozar la pierna de un carnívoro o hacer un hoyo. ¡Auch!

Pies torpes

El *Stegosaurus* tenía cinco dedos en sus patas delanteras y tres dedos en sus patas traseras.

Los científicos no están seguros de por qué el *Stegosaurus* tenía grandes placas en punta ubicadas en su lomo. ¿Acaso absorbían los rayos solares y mantenían al dinosaurio calentito? ¿Lo protegían de los carnívoros? ¿O acaso los estegosaurios se reconocían entre sí debido a las placas?

¿Sabelotodo?

El *Stegosaurus* tenía el cerebro del tamaño del de un perro, ¡pero su cuerpo era casi 100 veces más grande! Los científicos piensan que es posible que no fuera muy inteligente.

¡Tengo 19 placas en mi lomo!

¡Wow! ¿Qué es eso?

El *Stegosaurus* se alimentaba de plantas duras que crecían muy cerca del suelo. Como muchos herbívoros, tenía un duro pico para cortar las plantas y 150 pequeños dientes para masticar.

¡Una de mis placas es casi tan grande como tú!

Armas letales

¿Qué dinosaurio tenía las espinas más aterradoras o los dientes más filosos? Averigüémoslo.

Soy un *Pterodaustro*. ¡Tengo 1000 dientes!

Yo soy *Carnotaurus*. Mi nombre significa "toro carnívoro".

El *Pterodaustro* era un gran reptil volador. Tenía un hocico muy largo con dientes afilados, que resultaban perfectos para atrapar peces.

¡Latigazo!

Los saurópodos más grandes, como el *Diplodocus*, no tenían garras ni púas, pero sus enormes colas se movían tan rápido que podían noquear a cualquier carnívoro de un solo golpe.

El *Triceratops*, cuyo nombre quiere decir "cabeza con tres cuernos", ¡era una bestia! Cuando atacaba con su cuerno descomunal, podía perforar la pierna de un *T. rex*.

No hay tiempo para charlar, ¡tengo que atrapar mi almuerzo!

Uno de los carnívoros más aterradores era el *Carnotaurus*. Tenía cuernos como los de un toro en la parte superior de su cabeza, poderosas garras y unos enormes dientes. ¡La mayoría de los herbívoros no tenían oportunidad con él!

El *Baryonyx* era un dinosaurio carnívoro, que también se alimentaba de peces. Tenía poderosas garras en forma de gancho, perfectas para agarrar presas resbaladizas.

Baryonyx

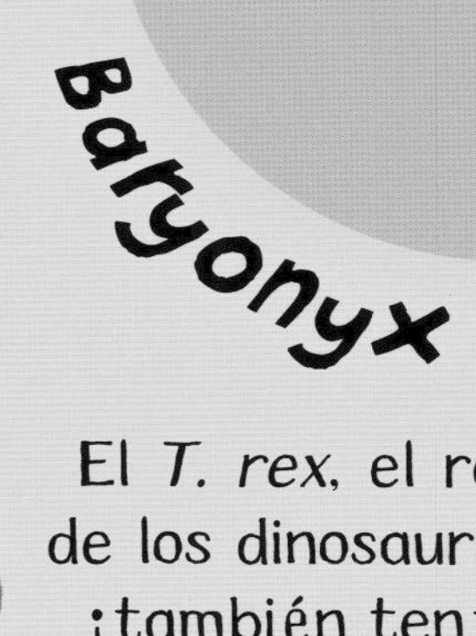

T. rex

El *T. rex*, el rey de los dinosaurios, ¡también tenía una mordida colosal! Tenía 60 dientes afilados y la mordida más fuerte que cualquier animal terrestre haya tenido.

Therizinosaurus

El nombre del *Therizinosaurus* significa "lagarto guadaña". Este dinosaurio tenía garras muy largas, como de un metro de longitud.

¡Ris, ras!

¡Una armadura genial!

Los tiempos en que existían los dinosaurios eran peligrosos, pero los herbívoros tenían maneras muy interesantes para defenderse.

¡Nuestras cabezas son como un casco!

El *Pachycephalosaurus* tenía una cabeza muy extraña. Su cráneo era grueso y es posible que lo utilizara para competir a golpes de cabezas, un poco como lo hacen hoy en día los carneros.

¡Wow!

El nombre del *Pachycephalosaurus* quiere decir "lagarto de cabeza gruesa". El hueso sólido que formaba la parte superior de su cabeza era del tamaño de una pelota de fútbol.

¡Pulgares arriba!

El *Iguanodonte* era un herbívoro con un enorme dedo pulgar en punta. Esta púa resultaba perfecta para dar un buen pinchazo a cualquier carnívoro que tratara de molestarlo.

Yo soy un Ankylosaurus. ¡Aléjate!
¡Auch!

El *Ankylosaurus* no era un dinosaurio grande, pero sí tenía el tamaño de un toro macizo. Tenía una fuerte y resistente armadura ósea. Su arma especial era un gran hueso ubicado en el extremo que remataba su cola.

El *Kentrosaurus* era un estegosaurio con enormes espinas ubicadas a lo largo de su lomo y cola; ¡cada una tenía el tamaño de un bate de béisbol! Era casi imposible atacar a este dinosaurio.

Bestias de las profundidades

Mientras que los dinosaurios reinaban en la tierra, enormes reptiles nadaban en los océanos. Aguanta la respiración...

Estos reptiles submarinos eran unos supernadadores, pero tenían que subir a la superficie para respirar, justo como lo hacen las ballenas o los delfines hoy en día.

Soy un ophthalmosaurus.

El *Ophthalmosaurus* tenía una mandíbula larga y puntiaguda, que le resultaba perfecta para atrapar calamares y peces.

Ojo espía

El *Ophthalmosaurus* tenía los ojos tan grandes como pelotas de fútbol, que le ayudaban a ver en el mar profundo y oscuro. Su nombre significa "lagarto ojo".

Uno de los más mortales cazadores que jamás haya nadado en el mar fue el *Pliosaurus*. Su cabeza tenía el doble del tamaño de un *T. rex* y sus dientes eran tan largos como una regla escolar de 30 centímetros.

Soy un Pliosaurus. ¡Despídete, tortuga!

Soy un Elasmosaurus.
¿Qué es ese zumbido?
Soy un Mosasaurus.
¡Puertas abiertas!
¡Ven por mí!

¡Qué cuello!

El *Elasmosaurus* tenía un cuello tan largo que le permitía acercarse sigilosamente a peces y otras criaturas marinas sin que se dieran cuenta.

El *Mosasaurus* era un gigante submarino. Tenía una piel suave como la de una serpiente, lo que lo hacía más ágil. Era muy rápido y un cazador del que era imposible escapar.

Bestias del cielo

Durante la época de los dinosaurios, el cielo estaba lleno de extraños reptiles voladores llamados pterosaurios.

Yo soy un Quetzalcoatlus
Ven a volar conmigo.

¡Wow!

Había pterosaurios de todos los tamaños, desde pequeños hasta enormes. Todos tenían largos dedos que sostenían sus alas y algunos tenían una extraña cresta ósea en la parte superior de su cabeza.

Soy un Pteranodon.
No tengo dientes.

El *Quetzalcoatlus* fue la criatura voladora mas grande de todos los tiempos. Era tan alto como una jirafa y sus alas eran tan anchas como una avioneta.

Zzzz

zzzz

Las primeras criaturas en volar fueron los insectos. Se lanzaron a los cielos hace unos 400 millones de años.

zzzz

¡Zas!

Pteranodon quiere decir "ala sin dientes". Este enorme reptil volador se elevaba a través de los cielos sobre los océanos en busca de su comida favorita: peces y calamares.

Hora de cenar

Los pterosaurios amaban comer lagartijas, ranas e insectos. Los pterosaurios grandes probablemente comían algún *Beelzebufo*, una rana gigante que tenía un tamaño similar al de una pelota de playa.

¡croac!

¡Sonríe!

Soy un Dimorphodon.

Este aterrador pterosaurio tenía una enorme cabeza. Podía volar, pero también escalar árboles, agarrándose con sus fuertes garras.

Soy un Ichthyornis.

Yo soy un Dsungaripterus.

Este pterosaurio, con su extraño pico, volaba sobre el mar donde está China hoy.

Cuidado, ¡soy un ave con dientes!

Poderosa explosión

Hace unos 65 millones de años, casi todos los seres vivos que habitaban la Tierra murieron de repente. ¿Qué sucedió?

Los científicos creen que una enorme roca del espacio exterior, llamada asteroide, se estrelló contra la Tierra. Dejó un enorme cráter en el suelo, que todavía se puede ver hoy en México.

¡Cuidado!

Caliente y frío

Cuando el asteroide chocó contra la Tierra, arrojó grandes nubes de polvo caliente que permanecieron en el aire durante un largo tiempo. La ceniza bloqueó la luz solar, la Tierra empezó a enfriarse y las plantas murieron.

Cuando el asteroide golpeó la Tierra, hizo que todos los volcanes erupcionaran. Gases venenosos y nubes de ceniza permanecieron durante cientos de años. Era casi imposible para cualquier criatura sobrevivir.

¡Wow!

Los científicos piensan que cerca del noventa por ciento de todas las criaturas vivientes murieron hace 65 millones de años. ¡Fue una catástrofe!

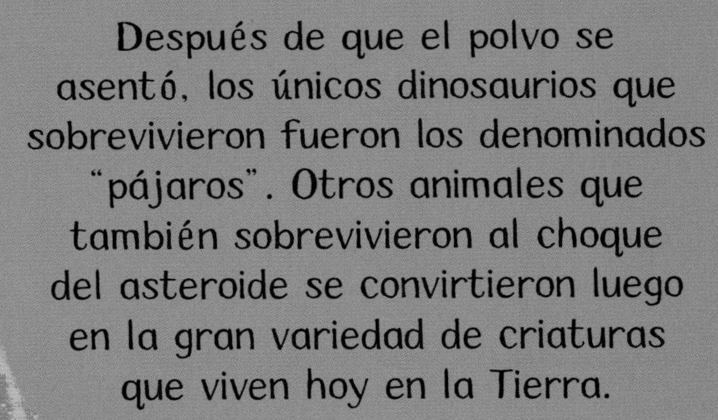

Después de que el polvo se asentó, los únicos dinosaurios que sobrevivieron fueron los denominados "pájaros". Otros animales que también sobrevivieron al choque del asteroide se convirtieron luego en la gran variedad de criaturas que viven hoy en la Tierra.

¡Fue una aniquilación total!

Amigos emplumados

Es difícil de creer, pero todos los pájaros que ves en la actualidad descienden de los dinosaurios.

Mucho antes de que el asteroide golpeara la Tierra, algunos dinosaurios habían comenzado a tener rasgos de pájaro, por ejemplo, un cuerpo pequeño, plumas y no tenían dientes.

Soy un Deinonychus. ¿Será que yo también tenía plumas?

En China

Los científicos han encontrado restos asombrosos de dinosaurios en China. ¡Muchos de esos restos tienen plumas!

Nadie sabe de qué color eran las primeras plumas, pero marrón, gris, negro y castaño son los colores más probables.

¡Mi tatara-tatara-tatara (por un millón) abuelo era... un **T. rex**!

¡Wow!

En la Tierra existen hoy más de diez mil especies de aves; y todas provienen de los dinosaurios.

Me pregunto si también tendría plumas.

Soy un *Archaeopteryx* y soy el primer pájaro que existió.

Soy un **confuciusornis** y puedo volar.

Los científicos piensan que el primer pájaro existió hace 150 millones de años. Se llamó *Archaeopteryx* y tenía dientes afilados en su pico.

El *Confuciusornis* era aproximadamente del tamaño de un cuervo. Tenía alas, una larga cola emplumada y un pico sin dientes, justo como los pájaros de hoy en día.

¿Cómo sabemos todo esto?

Los dinosaurios vivieron hace millones de años, pero cuando murieron, dejaron detrás rastros de sí mismos ¡en las rocas!

Cuando un dinosaurio moría, a veces su cuerpo quedaba atrapado en capas de lodo y ceniza. Durante millones de años, esas capas y los huesos se convirtieron en piedra dando origen a los fósiles.

¡Wow, un fósil de estegosaurio!

¿Puedes ver las placas de su lomo?

Los científicos descubrieron que el excremento de los dinosaurios también se convertía en fósil.

Incluso los científicos pueden saber qué comían los dinosaurios. El saurópodo comía piedras, para moler las plantas en sus barrigas.

Mmm... piedras, ¡qué delicia!

¡Wow!

En 1811, una paleontóloga inglesa llamada Mary Anning descubrió el primer fósil de ictiosaurio. Las personas pensaban que era un extraño cocodrilo, ¡pero pronto se dieron cuenta de que era un reptil prehistórico!